Mães
MUITO ESPECIAIS

MILTON MIRA DE ASSUMPÇÃO FILHO
NATALIA C. MIRA DE ASSUMPÇÃO

Mães
MUITO ESPECIAIS

M.Books
M.BOOKS DO BRASIL EDITORA LTDA.
Av. Brigadeiro Faria Lima, 1993 - 5º andar - Cj. 51
01452-001 - São Paulo - SP - Telefones: (11) 3168 8242 / 3168 9420
Fax: (11) 3079 3147 - E-mail: vendas@mbooks.com.br

Dados de Catalogação na Publicação

Assumpção, Milton Mira de / Assumpção, Natalia C. Mira de
Mães Muito Especiais – Milton Mira de Assumpção Filho /
Natalia C. Mira de Assumpção
2004 – São Paulo – M.Books do Brasil Editora Ltda.
1. Relacionamento 2. Parenting

ISBN: 85-89384-41-1

© 2004 by M.Books do Brasil Ltda.
todos os direitos reservados

EDITOR

MILTON MIRA DE ASSUMPÇÃO FILHO

Pesquisa
Isadora C. Mira de Assumpção

Produção Editorial
Salete Del Guerra

Projeto Gráfico e Capa
Douglas Lucas

Editoração e Fotolitos
ERJ Composição Editorial

2004
1ª edição
Proibida a reprodução total ou parcial.
Os infratores serão punidos na forma da lei.
Direitos exclusivos cedidos à
M.Books do Brasil Editora Ltda.

À
Francisca
minha mãe, que me ensinou e mostrou
todo o prazer de ler um livro

Ruth
minha mãe, companheira, que me fez conhecer
o que é amar e se sentir amada

$\mathcal{A}$ organização deste livro não obedece a nenhuma regra ou ordem. As frases estão dispostas aleatoriamente, e o livro não possui sumário: pode ser lido em qualquer ordem. Você pode abri-lo em qualquer página.

Priorizamos a emoção.

São 180 maneiras de dizer a seu filho que você o ama. E isto pode ser feito de maneira sistemática, consistente, emocionada e, principalmente, muitas vezes.

Os depoimentos são verdadeiras e ricas histórias de vida. São amigos que abriram seus corações e dividiram conosco suas emoções e lembranças de infância. A formação profissional não foi levada em consideração. A idade de cada um ajuda a compreender as histórias no tempo e no espaço. Através dos depoimentos estamos homenageando pais e mães, que, com amor, carinho e dedicação, deixaram lembranças inesquecíveis em nossos corações.

Importante frisar que nas frases, ao nos dirigirmos ao "filho", estamos nos dirigindo também à "filha". A grande maioria das frases é dirigida a ambos.

Obrigado a todos que nos ajudaram na elaboração deste livro.

Quando estávamos preparando o livro PAIS Muito Especiais, solicitamos a diversos amigos que nos ajudassem com os depoimentos.

Nós perguntamos sobre "uma lembrança inesquecível, com o pai ou a mãe, que trazia recordações boas e que dava saudade". Para nossa surpresa, mais de setenta por cento das pessoas tinham lembranças inesquecíveis com o pai. As lembranças com a mãe eram de reconhecimento e agradecimento por tudo o que ela havia feito durante toda a vida. A lembrança inesquecível estava relacionada mesmo com o pai.

O livro foi publicado duas semanas antes do Dia dos Pais de 2003, comemorado no Domingo, 10 de Agosto, e tornou-se um best-seller.

Dois meses depois, em Outubro, visitando a Feira do Livro de Frankfurt e prospectando livros para publicar no Brasil, deparamos com um título sugestivo: "O Milagre do Abraço de Pai". O livro discorria sobre o valor emocional do abraço de um pai. Perguntamos então: "E o Milagre do Abraço de Mãe, quando sai publicado?" O Editor respondeu: "Não há planos para esse título" e completou: "Milagre de um abraço é só de pai. A mãe abraça toda hora". Verificamos, então, que até nas culturas de outros países a imagem inesquecível associada ao pai sobrepujava a imagem carinhosa, presente e prestativa da mãe. Foi quando começamos a ser cobrados pelos livreiros: "E o livro das Mães, quando sai "? Decidimos, então, escrever o livro MÃES Muito Especiais.

Utilizamos o mesmo critério: idéias e sugestões de ações que a mãe pode fazer ao filho ou à filha, que demonstrem carinho e expressem o amor.

Amigos nos deram depoimentos e mais uma vez confirmamos que o carinho de mãe é presente, descompromissado, sincero e contínuo. As mães estão presentes o tempo todo na vida dos filhos. Muitas vezes assumem o "não" para que o pai possa dizer o "sim".

Depois de trabalharmos em todos os depoimentos, ficou a constatação dura, mas real, de que o ato de ser mãe é muito, mas muito mesmo, mais difícil do que o ato de ser pai. Com a mãe, não há um momento inesquecível e, sim, uma exposição diária e constante. Mãe é dedicação, desprendimento, participação, doação. É abrir mão de tempo e ações que gostaria de fazer para si. É viver para os filhos, a vida inteira. Mãe é amizade, lealdade, bondade, paciência, persistência, integridade, perdão, respeito, agradecimento, reconhecimento, gratidão, amor, amor, muito muito amor.

MILTON MIRA DE ASSUMPÇÃO FILHO
NATALIA COUTINHO MIRA DE ASSUMPÇÃO

180 Maneiras de Expressar Amor e Carinho por seus Filhos

Conte a seu filho como ele foi gerado, desejado e esperado e a felicidade que ele trouxe a você e seu esposo ao nascer.

Agradeça e peça sempre a Deus que abençoe a vida de suas crianças.

Trate seu filho sempre com carinho, amor, educação, respeito, segurança e firmeza. Não seja superprotetora.

Quando seu filho começar a andar, mantenha contato visual permanente.

É importante programar e dedicar um tempo para conversar, passear, brincar e dar atenção a seu filho.

Objetive sempre a harmonia, a alegria e muito amor para sua família.

Sinta-se honrada em ter uma família, marido e filhos para cuidar.

Crie uma 'caixa de tesouros' para sua filha, colecionando objetos da infância, como um cacho de cabelo, o primeiro dente de leite, uma roupa especial que ela usou, uma boneca ou um brinquedo de estimação.

Procure passar diariamente o maior número possível de horas com seu filho.

Proporcione a seus filhos o desenvolvimento de uma relação de amor, com empenho, amizade e solidariedade.

Mostre seu amor através do sorriso de seu olhar.

Não se ama sem se doar, sem abrir mão de algumas coisas. Saiba priorizar aquilo que realmente é importante.

Deite seu filho contra o peito e
deixe-o dormir carinhosamente em seus
braços.

Fale sempre coisas positivas e elogiosas
de seu filho, principalmente na frente de
outras pessoas.

Ao atravessar uma rua, dê-lhe sempre
a mão; transmita-lhe segurança.

Procure acompanhar o que ele está
aprendendo na escola; sua ajuda será
sempre muito importante.

"Eu tenho muitas lembranças da minha mãe, principalmente na sua maravilhosa cozinha. Minha mãe adorava a cozinha. Era seu lugar favorito. Olhando através da janela os primeiros flocos de neve, ela conseguia prever se era uma tempestade que se aproximava ou se a nevasca ia passar rapidamente. Minhas irmãs e eu ficávamos na maior expectativa, pois isso podia representar não termos de ir à escola e, assim, podermos brincar à vontade. A cozinha era o quartel-general de onde ela orquestrava nossas vidas — mas ela nunca tomou uma decisão por nós. Quando sozinha ou longe de casa, lembro-me da mamãe atarefada, preparando a comida, sempre sorrindo, alegre. São tesouros que ficam armazenados na nossa memória. São lembranças de muitos anos daquele pequeno pedaço mágico em nossa casa, na minha infância."

MARY A. MURRAY, 56 ANOS.

"Nas tardes frias, quando não tínhamos pão em casa nem dinheiro, minha mãe fazia mingau de fubá para dar a seus filhos. Ela fazia com tanto carinho e alegria, que comíamos com prazer e gosto."

LUIZ CARLOS DOS SANTOS, 51 ANOS.

"Eu tinha 7 anos de idade e morávamos em Port Chester, Nova York, USA. Naquela época, eu roía as unhas o tempo todo. Minha mãe fazia de tudo para eu parar, mas, por mais que ela e eu tentássemos, era difícil. Meus pais trabalhavam fora. Tínhamos uma vida confortável, mas modesta. Eu lembro que minha mãe me deu de presente uma boneca linda, a Revlon, que era a sensação da época. Em troca, eu deveria parar de roer as unhas. A boneca era cara para os padrões da época, cerca de 20 dólares, ou mais. Porém, só deixei mesmo de roer as unhas quando tinha 30 anos. Eu ainda tenho a boneca e, toda vez que a vejo, me lembro com carinho daquele tempo e da determinação da minha mãe para me ajudar. Hoje minha mãe tem 70 anos e, graças a Deus, está saudável."

JANET GOMOLSON, 52 ANOS.

"Quando minha mãe morreu, minha irmã encontrou duas 'caixas de tesouros' com nossos nomes. Durante anos, minha mãe guardou coisas importantes da nossa infância. Na minha caixa, havia o vestido do meu primeiro aniversário, um cachinho do meu cabelo, meus primeiros óculos de grau, meus sapatos ortopédicos que usei na infância, um broche da Primeira Comunhão, cartões-postais e cartas que enviei a ela durante toda a vida. Às vezes abro a caixa e volto à minha infância. Recordo o carinho que ela tinha por mim, quanto minha mãe me amou, e quanto eu a amarei, sempre."

ALLYSON ARIAS, 26 ANOS.

"Minha mãe passou a infância na fazenda de meu avô. Quando ele morreu, a propriedade foi vendida e minha mãe foi morar na cidade. Dessa forma, quando pequenos, meus irmãos e eu nunca tivemos a oportunidade de conhecer o lugar onde ela vivera. Por isso, mamãe contava muitas histórias daqueles tempos. Era a maneira que ela encontrou de nos transmitir vivência das coisas que aconteciam na fazenda. Ela mandou fazer, no quintal de nossa casa, um forno de barro onde muitas vezes preparava e assava deliciosas broas de milho. Comprou também um pilão, com o qual nos ensinou a socar amendoim para fazer paçoca. Ajudá-la nessas tarefas era uma verdadeira aventura para nós. No relato de suas histórias, ela freqüentemente fazia menção à existência de um MONJOLO que havia na fazenda e que era utilizado para a moagem de grãos (especialmente milho), cujo produto era usado na alimentação de animais e aves. Por mais que ela explicasse seu mecanismo, eu nunca cheguei a compreender com precisão como ele era e como funcionava. Eu sempre achei que se tratava de um engenho complicado e perigoso. Somente quando já estava casado e comecei a levar meus filhos para passear no PARQUE DO MORUMBI, aqui em São Paulo, é que fui conhecer um pequeno MONJOLO. Pude então decifrar a singeleza de seu funcionamento e entender, em toda plenitude, as histórias que minha mãe contava."

JOSÉ DIAS LEITE, 60 ANOS.

Crianças adoram ouvir histórias da
infância do pai e da mãe.
Conte-lhes as suas.

Beije seu filho ao sair e ao chegar em
casa.

Estimule seu filho a trazer os
amiguinhos para brincar em casa; é
sempre melhor tê-lo por perto.

Conte a seu filho sobre sua gravidez,
sobre quando ele nasceu, quando andou
pela primeira vez, quando falou as
primeiras palavras e da felicidade que
ele sempre lhe traz.

Beijos e abraços são manifestações espontâneas de carinho e amor; declare-as quando tiver vontade, mas não cobre nada em troca.

Diga sempre a seus filhos quanto eles serão importantes para você durante toda a vida.

Chame seu filho de "meu filhão".

Ao colocar seu filho para dormir, faça uma oração e peça proteção para ele e para toda a família.

Sempre que possível, diariamente, leia uma história. Estimule a imaginação de seu filho.

Revejam juntos álbuns de fotografias de seus familiares – avós, tios, primos.

No aniversário de seu filho, faça o possível para tornar esse dia muito especial.

Ensine a seu filho o valor dos alimentos; faça-o comer sempre pratos nutritivos e saudáveis.

Em um dia especial, deixe-o escolher o cardápio, do almoço ou do jantar, com a comida preferida dele.

O quarto de seu filho é o território especial dele; respeite-o.

Crianças adoram pizza; invente uma pizza especial com o nome delas.

Em épocas convenientes, converse com ele sobre sexo, drogas, amizade, doenças e religião.

"Minha mãe é uma avó dedicada, uma mulher de coragem, uma guerreira, um exemplo de vida. Quanto mais precisamos, mais ela está à disposição para nos atender sempre, sem a ajuda de ninguém. A vida a fez uma mulher dura, mas com coração de algodão. Minha mãe é simplesmente perfeita."

SOLANGE PERRI, 35 ANOS.

"Todos os dias tínhamos um horário dedicado aos estudos, o qual se iniciava com os deveres de casa. Ao final, minha mãe sempre associava o aprendizado com um exemplo prático. Assim, a cada dia de estudo, praticávamos desde a relação de uma lista de feira ao cálculo de um futuro carpete a ser instalado. Por meio desses exemplos, minha mãe nos ensinava organização, além de nos mostrar a realidade do dia-a-dia."

ERALDO MONTENEGRO, 66 ANOS.

"Minha mãe, Lucia Fly Perkins, nasceu em Little Rock, Arkansas, em 1905. Após graduar-se em francês pela Universidade de Arkansas, em 1926, ela foi morar em Nova York. Logo depois conseguiu um trabalho de contabilista (profissão que ela não dominava), em Manhattam. Aí conheceu meu pai e os dois se casaram. Meu pai amava esportes, jogos, bebia socialmente e outros pequenos vícios característicos dos jovens da década de 1920. Com o meu nascimento e o do meu irmão, ela decidiu trazer um pouco de cultura para dentro de casa. Apesar de preferirmos baseball, basquete e outros esportes, mamãe nos persuadiu a aprender a tocar piano e trompete. Algumas vezes, ela nos pegava na escola e nos levava para assistir a concertos musicais e a óperas. Mamãe cultivava cultura de todas as formas. Se ela não ganhou a competição da preferência aos esportes, com certeza conseguiu um brilhante segundo lugar. Graças a sua persistência, tanto John como eu nos graduamos pelas universidades Columbia e Princeton. Apesar de minha mãe já ter partido, sua influência permanece presente em cada passo que damos. Ela lutou pelo que acreditava e foi a arquiteta principal de tudo de bom que conseguimos fazer de nossas vidas."

FRED PERKINS, 68 ANOS.

"Quando eu era bebê, minha mãe cantava uma cantiga de ninar para me ajudar a dormir tranqüilamente. Quando cresci, ela me colocava em seu colo, me olhava nos olhos e cantava a mesma canção. Era uma música tão doce que dava paz e tranqüilidade. Na adolescência e na fase adulta quando minha mãe me via triste, ela me tomava no colo, encostava meu rosto em seu ombro e docemente sussurrava a cantiga de ninar. Eu voltava a minha infância, me sentia protegida e ficava em paz."

LESLIE ZHEUTLIN, 42 ANOS.

"Nasci em uma cidade do interior do Rio Grande do Sul, na colônia italiana. Pela manhã, ia à escola; à tarde, ajudava meus pais no sítio. Lá havia forno a lenha para fazer pão e assar carnes, água de vertente, carreta puxada por bois, cavalos para cavalgar, coelhos para brincar, ovelhas para correr atrás, muitas frutas, um enorme parreiral onde íamos chupar uva... À noite, minha mãe nos dava banho, de paninho e bacia, e comíamos pão tipo italiano, salame, queijo, mel, nata, *schmier* de figo (uma delícia...). Eu adorava pão com mel e nata, aquela camada bem grossa, e meus três irmãos, também. Minha mãe preparava ovos fritos com salame e queijo, que comíamos com pão e café. Ah, meu pai tomava um copo de vinho tinto. Depois do jantar, minha mãe ia escolher e limpar o arroz e o feijão para deixar de molho para cozinhar no outro dia. Quando tinha festa, Natal, Páscoa, aniversários, casamento... havia muitas danças, e eles ofereciam limonada, refresco, vinho doce, doces, frutas. Todo mundo sentava na sala, conversava, comia, bebia. Eu cresci, casei, tenho filhos e ainda hoje continuo a usufruir de todas essas delícias que minha mãe teima em nos oferecer."

LÉO CARLOS BOF, 53 ANOS.

Chame seu filho por apelidos carinhosos na intimidade por um certo tempo. A partir de determinada idade, passe a chamá-lo pelo nome próprio.

Estimule o relacionamento familiar.

Crianças adoram cantar, representar, dançar. Sempre que possível, assista a essas brincadeiras, fotografe-as ou filme-as.

Crie e determine lugares em sua casa para que seu filho tenha liberdade de brincar.

Em dias de chuva, tempestade e trovões, faça de tudo para ficar próximo a ele.

Tenha sempre uma foto de seu filho na bolsa, na carteira ou na agenda.

Se encontrar seu filho chorando, não interrompa o choro bruscamente; procure entender os motivos e ajude-o a resolvê-los.

Estabeleça regras firmes e claras.

Preste atenção às habilidades que seu filho tem, estimule-o e ajude-o a desenvolvê-las.

Chame sua filha de "minha princesa".

Nunca recrimine seu filho na frente de outras pessoas. Se necessário, faça-o discretamente. Deixe para tomar as medidas necessárias em casa.

Se ele desejar, e for conveniente, dê-lhe um animal de estimação, de preferência um cachorro.

Mantenha sua casa limpa, agradável, confortável, aconchegante, para que seu filho tenha prazer em morar nela.

As crianças devem ter horários determinados para assistir à televisão e utilizar o computador.

Deixe que sua filha a veja se depilando ou arrumando o cabelo.

Assista junto com as crianças aos programas de televisão que elas mais apreciam.

"Minha mãe é que costurava minhas roupas. E o fazia com muitos enfeites e bordados. Assim, eu sempre me vestia de um jeito diferente das outras meninas da escola. Como eu gostava de me vestir bem e me sentir bonita! E era a minha mãe quem me proporcionava isso."

ROSANA AMICI DELLA ROCCA, 37 ANOS.

"A lembrança de minha mãe é de quando eu tinha 9 anos e morávamos no Tucuruvi. Ela era tão bonita que seu apelido era Gilda, pois parecia mesmo a Rita Hayworth. Eu lembro que gostava muito quando ela cortava o meu cabelo. E dizia que eu ficava mais bonito. Ela também costurava e fazia a minha roupa. Era um tempo de muita alegria."

CARLOS ROBERTO MAGRO, 52 ANOS.

"Meu pai sempre trabalhou no ramo da hotelaria. Éramos uma família de classe média, sem muito luxo, mas não nos faltava nada. Minha mãe e meu pai viajavam freqüentemente para Paris, Bruxelas e África do Sul. Aquelas viagens e tudo ao seu redor me trazem gostosas lembranças que ainda hoje me fazem sorrir. A primeira coisa é que, para viajar, minha mãe se maquiava, e isso era algo que nos assustava. Mamãe está se vestindo de policial. (Eu e meus irmãos associávamos maquiagem à polícia.) Na Espanha dos anos 50, a ditadura do general Franco, a repressão, dava medo. A maquiagem da minha mãe tornava-a meio inacessível. A outra coisa é que, quando meus pais viajavam, quem cuidava de nós e da casa era minha avó. Ela impunha uma linha dura, nos gastos e na disciplina. A volta da minha mãe era, então, comemorada com muita alegria. Ela trazia presentes, brinquedos, e principal-mente retirava a maquiagem, voltando a ser a nossa querida, liberal e acessível mãe."

PEPE CASTELLANO, 54 ANOS.

"Eu tenho uma recordação de minha mãe supercarinhosa. Eu acordava pela manhã com ela cantando... 'Bom dia... bom dia... bom dia... hoje vai ser um dia feliz...' Ela cantava em um tom tão suave e doce, que me deixava muito feliz e segura para desenvolver minhas atividades do dia."

KELLY CRISTIANE S. DE OLIVEIRA, 31 ANOS.

"A chuva caindo sobre o rosto, os pés rompendo as poças d'água e um frio úmido sobre o corpo, em um dia chuvoso na Cidade do México. Essa é uma das lembranças e sensações mais gratas na minha vida, principalmente porque eu caminhava de mãos dadas com minha mãe. Ela me mostrava o mundo, as coisas e me fazia sentir eu mesmo. Era um momento mágico na minha vida. Eu não percebia que às vezes ela chorava. Mas sei que era um choro que lhe trazia paz e equilíbrio para tocar a vida e nos guiar com tranqüilidade, carinho e amor."

JOSÉ GUILHERMO HERNANDEZ, 58 ANOS.

"Quando tinha 7 anos, eu vivia com meus pais em uma cidadezinha próxima a Leon. Meus avós produziam o próprio vinho, e minha mãe adorava beber um copo às refeições, acompanhando a salada de alface, tomate e cebola. Se faltasse o vinho, para ela a refeição não estava completa. Assim, cabia a mim buscar o vinho na casa dos meus avós. Um dia fiquei jogando bola com uns amigos em um campinho, e, quando percebi, não dava mais tempo. Fui para casa e disse a minha mãe que a vovó reclamou de estarmos bebendo demais. A vovó disse 'tanto vinho... tanto vinho...' Minha mãe, então, foi falar com a minha avó, que, surpresa, contou que eu nem havia aparecido por lá. Lembro-me até hoje da bronca que levei das duas — tanto da minha mãe quanto da minha avó."

WENCESLAO ORTEGA, 63 ANOS.

Ao ir ao supermercado, à padaria ou ao banco, leve seu filho com você, para que ele possa ir se inteirando dessas atividades.

Estimule sua criança a treinar e desenvolver as modalidades esportivas pelas quais ela demonstre sentir mais prazer ou as quais pratique bem.

Ensine sua filha a pintar corretamente os olhos e a passar batom nos lábios.

Toque, cante e dance músicas de acordo com o gosto de seu filho; estimule o prazer pela música.

Prepare o lanche preferido dele.

Mostre a seu filho a importância para nós e para toda a humanidade da natureza, da fauna, da qualidade do ar e da limpidez da água.

Ao criar uma historinha, dê o nome de sua criança ao personagem principal.

Estimule o hábito da leitura, lendo sempre que possível uma historinha e adquirindo livros para que ele mesmo possa ler.

Escolham na locadora um filme para
vocês assistirem juntos.

Quando for comprar um presente para
algum familiar, avós, tios, primos, peça
a seu filho que a ajude a escolher.

Em um dia especial, prepare a
sobremesa de que ele mais gosta e diga
que foi feita especialmente para ele.

Estimule seu filho a aprender um
instrumento musical.

Faça do café da manhã o primeiro
momento especial do dia.

Estimule e mostre a seu filho e sua filha
o prazer de cozinhar e preparar
pratos especiais.

Peça a seu filho que demonstre
habilidades especiais que ele acabou
de desenvolver.

Estimule sua criança a gostar
de caminhada.

"Diariamente eu abraçava minha mãe para dormir. Não conseguia pegar no sono se não sentisse que ela estava ao meu lado, bem perto de mim. Quando eu adormecia, mamãe tentava se soltar, mas, às vezes, eu percebia e me agarrava ainda mais forte nela, e não a deixava sair."

ISADORA ASSUMPÇÃO, 14 ANOS.

"Meu pai faleceu quando eu era criança. Minha mãe, jovem, inteligente e bonita, não se casou novamente. Ela teve vários pretendentes, mas os costumes da época, a sociedade e a família nunca a perdoariam por isso. A vida lhe deu o poder de ser seletiva e discreta. Para ela, os filhos sempre estiveram em primeiro lugar. Mamãe nos ensinou toda a dimensão do amor. Hoje a família e a sociedade vêem minha mãe como uma grande mulher. Estou casado há 19 anos e consigo sempre descobrir coisas novas sobre o amor. E devo essas descobertas a minha mãe. O melhor de tudo é que ela sabe disso, apesar de eu nunca lhe ter dito."

MAURICIO MIKAN, 42 ANOS.

"Nós morávamos em Vila da Penha, no Rio de Janeiro. Minha mãe fazia do Natal uma data ainda mais marcante. Ela espalhava talco pelo chão, da janela até a minha cama, e, depois, simulava pegadas do Papai Noel. No dia seguinte, quando eu acordava, havia um presente no meu sapato. Um mês antes do Natal ela me incentivava a fazer a cartinha com o pedido, mas sempre dizia que era um só presente, pois o Papai Noel tinha muitas crianças para atender. Os anos passaram, já estou casada e tenho 31 anos. Minha mãe faleceu há 5 anos. Logo depois de sua morte, revendo as coisas que ela deixou, encontrei 5 cartinhas que escrevi. E nesses 5 Natais, o Papai Noel trouxe exatamente os presentes que tinha pedido para ganhar."

JACQUELINE DO NASCIMENTO DOS SANTOS OLIVEIRA, 31 ANOS.

"Quando ficou grávida de mim, minha mãe demorou para saber se era menino ou menina; o médico fazia o maior suspense. Ela queria muito uma menina...A vontade dela era tanta, que mamãe foi a uma loja de brinquedos e, mesmo sem saber meu sexo, comprou a coleção inteira da boneca Moranguinho. Ela me desejou tanto, que, desde que eu nasci, sinto quanto ela me ama. Fico feliz, também, de ter realizado seu sonho. Eu guardo as bonecas até hoje."

MARILIA FERNANDES PINHEIRO, 18 ANOS.

"Uma vez por semana minha mãe levava minhas amiguinhas, minha irmã mais nova e eu para fazermos uma caminhada após o almoço em uma reserva florestal, em Príncipe de Gales, Santo André. Durante o caminho, íamos comendo amoras silvestres, coquinhos, até chegarmos a uma piscina natural onde ficávamos brincando na água até o entardecer. Esses momentos juntas eram muito gostosos e marcantes."

RUTH ASSUMPÇÃO, 57 ANOS.

"Lembro-me de minha mãe sempre solidária, querendo ajudar a todos, cuidando de enfermos, ajudando os pobres. Havia até um mendigo que todo dia aparecia na hora do almoço lá em casa pedindo comida. Em 10 minutos um prato simples, porém com muito amor era preparado e entregue. Lembro-me do brilho nos olhos do mendigo ao receber o prato e da sua gratidão. Confesso que nunca entendi esse comportamento da minha mãe, até que, aos 48 anos, fui diagnosticado com uma doença em estado avançado, a hepatite C. Contra os prognósticos dos médicos, decidi lutar e venci a batalha. Fiquei curado. A doença mudou o sentido da minha vida. Hoje, dedico meu tempo a ajudar pessoas com hepatite C. Passei, então, a entender o bem que nos outorga o brilho dos olhos daqueles anônimos, que sem interesse estamos ajudando. Não existe pagamento maior que esse brilho da esperança, que só pode ser expressado pelos olhos."

CARLOS VARALDO, 56 ANOS.

Invente um sinal com a mão ou com o
rosto que signifique para ele
Eu Te Amo.

Registre a história de seu filho por meio
de fotografias.

Tomar banho, dormir na hora certa,
escovar os dentes, manter o quarto
arrumado são tarefas que valorizam a
saúde, a higiene e a disciplina. Ensine
isso com carinho a seus filhos.

Se seu filho precisar de você e você não
puder atendê-lo, explique os motivos e
ele logo entenderá.

Nunca estabeleça expectativas ou crie objetivos e compromissos sem a concordância dele.

Ao lhe dar um presente, escreva um bilhete que expresse o amor que você tem por ele.

Procure agradar os amigos de seu filho e ser amiga deles.

Invente uma música ou uma canção que tenha na letra o nome de seu filho.

Faça uma carteira de identidade de amor para seu filho sem prazo de vencimento.

Se ele quebrar ou derrubar alguma coisa dentro de casa, importante ou não, repreenda-o e ensine-o a agir certo, com amor.

Demonstre toda a sua felicidade e orgulho pelas conquistas deles.

Filhas adoram dançar e montar coreografias; assista aos "espetáculos" delas, aplauda e incentive suas meninas.

Crie uma caixinha de mensagens para passar pedidos sutis como: "Preciso de alguém para me ajudar a lavar a louça".

Quando sua filha ficar menstruada pela primeira vez e se tornar mocinha, comemore muito e, se possível, dê-lhe flores ou um presente.

Escreva Eu Te Amo na escova de dentes, debaixo da caixa de cereais ou na mochila dele.

Ensine suas crianças a nadar desde cedo.

"É difícil falar da minha mãe e não chorar. Quando eu era pequena, todas as noites ela lia uma história para mim, e eram tantos clássicos bonitos que acabei desenvolvendo uma louca paixão pela leitura."

ANA MARIA BERGAMIN NEVES, 38 ANOS.

"Minha mãe foi uma mulher de Deus. Era bonita, discreta, amorosa, mas o que mais chamava a atenção era a sua beleza interior, que transparecia e sobrepujava a beleza física. Eu fui criada praticamente como filha única, pois quando nasci meu irmão mais novo já tinha 14 anos e, no casamento do mais velho, eu estava com apenas 6 anos. Muitas vezes me perguntei por que os meus pais me tiveram tão tarde, com mais de 40 anos. Mas sei que Deus permitiu que eu nascesse para poder cuidar deles no final de suas vidas. Minha mãe deixou algumas marcas profundas em meu caráter pelo seu exemplo de esposa, mãe, sogra e avó. Uma lembrança muito gostosa que tenho é do relacionamento dos meus pais. Meu pai era um homem de gênio forte, sangue italiano. Mas nunca o vi faltar com respeito ou mesmo alterar o tom de voz com minha mãe. A presença calma e sua fala mansa não permitiam o início de nenhuma discussão, e meu pai a tratava como um bibelô, com cuidado e amor. Aprendi com ela a amar a Deus. Todos os dias, pela manhã, antes de começar seus afazeres, ela se dedicava a um momento de oração e leitura da Bíblia. Eu participava do que ela chamava de 'nosso cultinho', e, em casa, aprendi a ouvir Deus por meio de sua palavra (a Bíblia) e a falar com Ele pela oração. Também aprendi a deixar sempre a casa em ordem. Aprendi a ser econômica. Minha mãe me ensinou ainda que, quando os filhos se casam, não os perdemos, mas, para isso, é preciso que os genros e as noras sejam acolhidos como novos filhos. Minha mãe ficou doente por poucos meses, e faleceu quando eu estava com 24 anos de idade e tinha um filhinho de 3 anos e um bebê de 10 meses. Eu a perdi há tantos anos, mas até hoje sinto muito sua falta, pois não achei ninguém que pudesse substituir o amor e o exemplo dados por ela em toda a minha vida."

LINEIA ERNESTINA MANCINELLI SOUTO RATOLA, 51 ANOS.

"Minha mãe é especial. Ela sempre se preocupou em nos ensinar sobre Deus e nos dar exemplo como mulher de Deus. Toda noite antes de dormir, ela reúne meus irmãos e eu no seu quarto para orarmos por nossa família e pelo meu pai. Esse é um momento muito importante do nosso dia."

FERNANDO OLIVEIRA DA COSTA, 16 ANOS.

"Minha mãe é uma mulher linda e de muita garra. Sempre lutou para me dar o melhor, ainda que o dinheiro fosse escasso. Quando eu tinha uns 4 anos, lembro que minhas roupinhas já não serviam mais, pois eu crescia muito a cada dia. Com poucos recursos, e recriminada por diversos familiares, minha mãe, resoluta, comprou uma máquina de costura, modelo bem simples, e aprendeu a costurar um monte de roupas lindas para mim!!! Parecia uma princesa... Hoje, adoro me arrumar, vestir roupas bonitas, e isso devo à minha querida mãe, com muito amor."

LIGIA DE AGUIAR MIGUEL, 26 ANOS.

"Mãe, sou grato a Deus por sua vida. Tenho até hoje guardada na memória minha vinda do interior para São Paulo. Quando fui lhe pedir para me mudar para São Paulo, disse-lhe: 'Mãe, convença o pai, eu não quero ficar aqui'. A senhora, após alguns dias de reflexão e oração, chamou-me e disse-me: 'Filho, você concluiu o ginásio e a escola de datilografia e sua intenção é boa. Eu conversei com seu pai e chegamos à conclusão de que, se for para estudar e ter conhecimento, você pode ir morar em São Paulo, sim'. Foi uns dos dias mais alegres de minha vida. Vim para São Paulo morar na casa de meus tios e primos. Embora todo o carinho que recebia deles, muitas noites eu chorava de saudade de você, do pai e de meus irmãos. Hoje sou um homem realizado e devo muito ao carinho, ao apoio e aos conselhos dessa senhora, minha mãe. Sou professor, tenho pós-graduação, conclusão de créditos em mestrado, e sou autor de 17 livros. Com tudo isso, porém, nunca me esqueci do que minha mãe sempre nos dizia: 'O que eu não tive por não poder, quero lutar para que meus filhos tenham: OS ESTUDOS'."

ARISTEU DE OLIVEIRA, 54 ANOS.

"Minha mãe sempre nos levava, meus irmãos e eu, aos jogos do Corinthians no Morumbi. Sempre íamos e voltávamos de ônibus. Naquele tempo não tínhamos carro. Uma vez fomos assistir a um jogo contra o Santos. O ônibus estava lotado com a torcida do Corinthians. No meio do caminho, eles começaram a cantar: 'Ão, ão, ão, pequenininha e já torce pro Timão'. Fiquei me sentindo o máximo."

LAVINIA ASSUMPÇÃO, 21 ANOS.

"Eu tinha 4 ou 5 anos de idade. Em casa, todas as noites, escutávamos uma radionovela de suspense e terror que se chamava 'Apague a Luz e Escute'. Minha mãe, para dar mais autenticidade à novela, apagava as luzes da nossa casa, e era assim que acompanhávamos as histórias de mistérios e terror que nos deixavam com os cabelos em pé. Lembro-me com muita saudade do medo que sentia e do abraço carinhoso e protetor da minha mãe. Hoje, procuro dedicar aos meus três filhos momentos exclusivos para eles."

RODOLFO MUNGUIA CALDERÓN, 53 ANOS.

"Nós morávamos em Viradouro, no interior do Estado de São Paulo. Éramos quatro irmãos, Ricardo, Anamaria, eu e o Frederico. Miriam e Mônica vieram depois. Lembro-me da mamãe sentada à sombra da mangueira, no quintal, com uma bacia de frutas, que podiam ser tangerinas, mexericas ou laranjas. Nós sentávamos aos seus pés. Ela descascava as frutas oferecendo os gomos, um de cada vez, enquanto nos contava histórias. Era um momento mágico, uma lição de vida. O prazer de apreciar as frutas, o prazer de ouvir histórias e, principalmente, o prazer da convivência familiar. Tenho saudades daqueles momentos. Tenho saudades da minha mãe, dos meus irmãos todos juntos, e tenho saudade da sombra daquela mangueira da minha infância, hoje tão distante."

MILTON MIRA DE ASSUMPÇÃO FILHO, 59 ANOS.

"O que marca muito minha mãe é a alegria. Ela é comunicativa, está sempre cantando e disposta. Ela tem o dom de aproximar as pessoas, fazer amigos, ser agradável. Todos os meus colegas acham minha mãe superlegal, e ela sempre fez questão de tratar muito bem as pessoas e ser agradável com todas que vão lá em casa. Eu tenho orgulho dela. É muito bom conviver com alguém assim."

MARCELO OLIVEIRA DA COSTA, 18 ANOS.

"Quando me lembro da minha mãe vem à minha memória um turbilhão de fatos recheados de carinho e amor... Eu tenho muitas lembranças, mas há uma em particular que, pela sua simplicidade, me emociona. Na época dos meus 7 ou 8 anos de idade, quando eu ficava doente de qualquer coisa — dor de ouvido, dor de garganta —, minha mãe preparava um mingau de maisena que era uma delícia. Eu gostava tanto, que, às vezes, fingia queixar de dor só para comer o mingau. Hoje, tenho certeza de que a minha mãe percebia isso, mas ela fingia não perceber."

JOSE DE ARRUDA, 66 ANOS.

"Minha mãe era uma pessoa voltada para as atividades e responsabilidades do lar, as quais abraçava com muita dedicação. Lembro-me que os dias de domingo sempre foram especiais. O dia para ela começava muito cedo, fazia rabanada para nosso café da manhã e em seguida já começava os preparativos para o almoço especial. Sempre fazia uma bela macarronada e frango. Lembro ainda como era gostoso sentar ao redor da mesa de madeira pintada na cor azul, juntamente com meus pais e meus quatro irmãos. Saborear um almoço mais que especial daqueles era, de forma indireta, uma maneira de minha mãe expressar o seu amor pela família. O mais gratificante de tudo é que o tempo passou, nosso relacionamento mudou, mas o jeito de minha mãe expressar o seu amor permanece. Até hoje, pelo menos uma vez por mês, a família se reúne para saborear um prato especial da mama, agora também, da nona e da sogra..."

SILAS CAMARGO, 52 ANOS.

Problemas e discussões com irmãos, primos e coleguinhas de escola devem ser resolvidos por eles mesmos.

Procure manter seu filho distante das discussões e dos problemas financeiros e familiares na infância e na pré-adolescência.

Dê a seus filhos o direito de errar.

Ajude-o a colecionar papéis de cartas, selos e figurinhas.

Sempre que for a uma banca de jornal
ou revista, deixe que ele escolha alguma
revista ou um livro que queira ler.

Brinque de sombras com as mãos,
apagando a luz e acendendo velas.

Mantenha sempre linhas abertas de
comunicação com seu filho.

Prepare um calendário com mensagens
de amor e encorajamento para que seu
filho leia diariamente.

Em casa, cante sempre canções
de amor e de ninar.

Na pré-adolescência e na adolescência,
tire fotos e monte um book de sua filha.

Prepare o bolo preferido de seu filho e
escreva Eu Te Amo em cima com a
cobertura de que ele mais gosta.

Mantenha um bom relacionamento com
sua nora ou com seu genro.

Estimule suas crianças a comer frutas,
repartindo gomos da laranja e da
tangerina ou pedaços da maçã e
da pêra com elas.

Monte álbuns próprios de figuras com
recortes de jornais e revistas.

Sempre que pentear o cabelo de seu filho,
faça carinho e cafuné na cabeça dele.

Estimule as crianças no fracasso
ou na vitória.

"Quando eu nasci, minha mãe fez um álbum de fotos e colocou junto um cachinho do meu cabelo. Sempre víamos o álbum, e ela falava: 'ter um filho é ter um pedacinho do céu'. Eu recebia essas palavras como uma declaração de amor. Quando minha filha Roberta nasceu, eu fiz a mesma coisa. Montei um álbum de fotos, coloquei um cachinho do cabelo dela e dizia as mesmas palavras de sabedoria da minha mãe. Roberta ficou tão feliz; disse que quando tiver um filho fará a mesma coisa para ele."

ROBERTO E. TULLI, 60 ANOS.

"Minha mãe é a responsável pelo bom humor e gosto pela alegria que meus irmãos e eu cultivamos pela vida. Ela foi sempre muito alegre e brincalhona e conseguia, com seu bom humor, transformar situações difíceis e constrangedoras em momentos alegres e divertidos. Além disso, mamãe gostava muito de cantar, com sua voz afinada e melodiosa. Sempre que me lembro dela, um sorriso aflora no meu rosto e inunda meu coração. Com certeza, ela implantou a semente da alegria em mim, desde o momento em que fui gerado."

JAVIER NEYRA, 42 ANOS.

"O que sempre me lembro é do cuidado, da presença, da atenção que minha mãe tinha comigo e com meus irmãos. Lembro quando ela nos vestia para as festas juninas na escola, quando nos levava para almoçar na casa do meu avô. Mamãe sempre preparava festinhas de aniversário, com um bolo enfeitado de carrinho para mim, e de castelo de princesa para minha irmã. Mas o que a fez uma mãe realmente especial foi o fato de sempre orar pelo nosso futuro. Ela fazia a parte dela, e entregava o resto nas mãos de Deus."

WUEISLLY WERUTSKY, 28 ANOS.

"Minha mãe foi uma pessoa muito importante na minha formação. Ela foi tudo para mim na minha infância... mãe, pai, amiga, conselheira. Tudo o que sou devo a ela. Agradeço a Deus por mamãe existir e farei por ela tudo o que estiver ao meu alcance!"

VERA LUCIA SOUZA DE OLIVEIRA, 49 ANOS.

"Quando morávamos em Salvador, lembro-me dos cuidados da minha mãe antes de nos levar à escola. Éramos 7 irmãos. Ela colocava a cabeça de um a um no colo dela para ver se os cabelos estavam limpos, penteava-os, checava os uniformes e olhava o caderno para conferir a lição. Ela sempre foi muito cuidadosa e queria ver os filhos sempre limpos, bem alimentados e saudáveis. Uma vez pegamos varíola. Naquele tempo, a vigilância sanitária levava os doentes de varíola para o isolamento. Minha mãe nos escondeu em casa para que ninguém soubesse da doença. Cuidou da gente com banhos de ervas e pedra ume para secar as feridas. Além de sararmos, ficamos sem nenhuma marca da doença. Minha mãe realmente foi sempre muito carinhosa e cuidadosa com seus filhos."

RUTE RODRIGUES DE OLIVEIRA, 81 ANOS.

"Minha mãe era uma pessoa muito culta, amava a leitura, a poesia, o cinema. Isso não a impediu de executar tarefas simples de uma maneira muito especial. Viúva aos 24 anos, com 5 filhos, ela foi morar com o irmão solteiro, que assumiu o papel de nosso pai. Sem nunca reclamar ou esboçar desânimo, todas as manhãs criava um clima extremamente agradável em nossa casa. Enquanto a empregada preparava o almoço, ela limpava e arrumava a casa, cantando músicas muito alegres com todo o entusiasmo. Eu as tenho na memória ainda hoje. Isso marcou minha vida, me ensinou a amar todo tipo de trabalho e me deu garra para ter o Vésper. Foi um prazer muito grande poder dar esse depoimento sobre minha mãe. É uma forma de homenageá-la."

NÍVEA GOMES BASILE, 69 ANOS.

Independentemente da idade e do sexo,
abrace e beije seu filho sempre que
desejar; mantenha contato físico com ele.

Leve seu filho à escola e busque-o
sempre que possível.

Estimule-o a participar de seus hobbies.

Ame suas crianças total e
incondicionalmente.

Seja amiga de seu filho;
transmita-lhe confiança.

Mantenha uma relação de não-
competição com sua filha.

Tranqüilize-se quando sua filha estiver
se tornando uma mulher.

Mostre desprendimento quando seu
filho começar a namorar.

Brinque de esconde-esconde pela casa.

No papel de sogra, transmita segurança
a seu filho ou sua filha.

Honre seu marido e não o conteste de
maneira dura, principalmente na frente
dos filhos.

Mostre amor por seu esposo e por sua
casa; seus filhos se sentirão
mais seguros.

Mostre e transmita o prazer em
cuidar do lar.

Deixe seu filho o mínimo que puder aos
cuidados de outros familiares
ou de terceiros.

Durante sua gravidez, procure
ficar em paz.

Nos meses de gestação, externe
manifestações de carinho, amor e afeto
pelo filho que vai nascer.

"Uma das coisas que mais me engrandecem e me realizam é o fato de, como filho, poder fazer por minha mãe um pouquinho do muito que ela fez por mim. Sempre segui seus ensinamentos e coloquei em prática o que ela me ensinou. O mesmo amor, o mesmo carinho e atenção, os quais procurei transmitir a minhas filhas."

ARLINDO JOSÉ MORALLES DE OLIVEIRA, 51 ANOS.

"Uma coisa que me marcou e de que me lembro bem era a postura da minha mãe para corrigir os filhos. Ela nunca falava de cima para baixo, sempre se abaixava e se colocava no nosso nível, na mesma altura. Ela nos corrigia com voz mansa, nunca alterada ou com raiva. Isso foi tão importante e marcante para mim. Hoje, ao corrigir meus filhos, Guilherme, Ana Paula e Rodrigo, procuro agir da mesma forma."

WILTON ALTINO DA GRAÇA, 42 ANOS.

"Na década de 60 as competições de lambreta movimentavam todo o Nordeste. A cidade de Natal fervilhava quando a competição era aqui. Eu sempre fui muito mais ligado ao meu pai. Na adolescência e na juventude ele foi o grande incentivador e patrocinador da minha regional, vitoriosa e inesquecível carreira de piloto de lambreta. Hoje relembro aqueles tempos e tenho que valorizar muito a minha mãe. Ela, na verdade, era quem dava o equilíbrio familiar para que meu pai e eu pudéssemos ter convivido com tanta harmonia. Ela era carinhosa, cuidava do bem-estar da família, mas era disciplinadora. Quantas vezes apanhei dela? Muitas! De tudo que foi jeito. Eu era 'arteiro'. Lembro-me do dia que me pendurei na cristaleira para pegar um copo e ela caiu sobre mim, quebrando pratos e porcelanas. Nesse dia não apanhei. Hoje tenho 61 anos e apesar das surras, todas merecedoras, sinto saudade daquele tempo."

ROBERTO LIRA, 61 ANOS.

"Minha mãe sempre foi muito religiosa e criou-nos dentro dos princípios religiosos do catolicismo. Tinha por hábito reunir todos os filhos para um momento de orações, às 18 horas, em devoção à Mãe Santíssima. Inspirado pela força da fé e da ternura com que essa devoção nos envolvia nesse horário, eu mantenho o hábito de orar até hoje. E procuro respeitar isso em qualquer circunstância e em qualquer lugar em que eu esteja."

FRANCISCO GOMES DE MATOS, 69 ANOS.

"Tinha na época entre 7 e 8 anos. Lembro-me das viagens que fazia com minha mãe para visitar parentes. Íamos sempre de trem. Para mim, a viagem se transformava em uma alegre festa. Nas várias estações, o movimento das pessoas, os meninos vendendo doces e frutas, o apito do trem enchiam meus olhos de um colorido muito especial. Num determinado trecho do percurso, o trem se projetava ao mar sobre uma estreita ponte de ferro, parecendo flutuar. Era o momento mais esperado. Às vezes, junto com a alegria, vinha um pouco de medo, principalmente se o mar estivesse agitado. Ficava, então, bem juntinho de minha mãe e ela me abraçava. Eu me sentia protegida e em segurança. Doces lembranças!"

MARIA DE LOURDES CARDOSO GUASCO, 58 ANOS.

"Caçula de uma família de 9 filhos, nasci em uma época de vacas magras. Meu pai, fazendeiro, na crise de 29, depois de entregar todas as propriedades aos Bancos, teve de recomeçar a vida em São Paulo. Em 1932, durante a Revolução Constitucionalista, meus irmãos mais velhos alistaram-se como voluntários e minhas irmãs costuravam roupas para os soldados. Minha mãe com isso tornou-se patriota e bairrista. Ai de quem falasse mal de São Paulo! Depois, com o tempo, o sentimento patriótico pelo Brasil também passou a ser imenso. Lembro que, em 1945, após a Segunda Guerra, ela nos levou para receber os pracinhas que chegavam da Batalha de Monte Castelo, na Itália. De bandeira em punhos, todos nós, comandados por minha mãe, saudávamos os nossos heróis aos gritos de 'Viva, ganhamos a guerra'!"

TARCISIO PIMENTEL DE MELLO, 67 ANOS.

Amamente seu filho no mínimo nos primeiros seis meses de vida.

Procure conhecer seu filho.

Se a responsabilidade da casa for sua, cuide para que o café da manhã, o almoço e o jantar sejam preparados nos horários adequados a todos.

Nunca fale a seu filho coisas negativas ou más sobre o pai, deixe que ele mesmo forme a imagem paterna.

Independentemente de suas atividades profissionais e pessoais, procure estar sempre disponível para seu filho e para seu esposo.

Mantenha canais constantes de comunicação abertos com seu filho e seu esposo.

Seja otimista.

Faça cursos que sejam interessantes para você. Seu filho verá nisso um exemplo para estudar, e você poderá ainda ensinar-lhe coisas novas.

Preserve seu filho de discussões e problemas que tiver com seu marido.

Tenha um vínculo de amor e cumplicidade com seu esposo, para que seu filho se sinta seguro da relação familiar.

Exercite a paciência no relacionamento com seu filho.

Evite amizade e conversa com pessoas que gostem de falar mal de outras.

Não faça comparação entre seus filhos;
ame-os nas diferenças.

No nascimento do segundo ou do
terceiro filho, cuide para que continue
amando-os igualmente.

Nunca incentive comparações e
competições entre seus filhos.

Na reforma ou na decoração de sua
casa, deixe que seu filho dê idéias.

"Minha mãe sempre cuidou de comemorar os aniversários em casa com alegria e presentes. Lembro-me de um aniversário em que, ao acordar, fui logo ao quarto dos meus pais. Eu já sabia. Minha mãe escondia os presentes debaixo da cama. Ganhei uma Barbie, que eu queria muito. Meu pai e minha irmã ajudaram na preparação de uma faixa para me parabenizar. Foi um aniversário inesquecível. Minha mãe sempre pensou em tudo com carinho e amor."

GEANE KARINE OLIVEIRA CARMELLO, 26 ANOS.

"Mamãe sempre foi supermãe: amorosa, presente, companheira e cúmplice. Ela aliava o amor materno a uma didática fantástica. Formada pela Escola Caetano de Campos, motivo de imenso orgulho, por 30 anos foi professora do 1º ano de alfabetização. Eu tinha 6 anos quando esse fato aconteceu: meu irmão menor, com 4 anos, um dia descobriu que seu dedo mindinho da mão direita era torto. Não sei o que passou por sua cabecinha, porque, na realidade, o dedinho era normal, discretamente voltado para o anular. Em vão, todos tentaram consolá-lo. Ansiosos, esperamos a mamãe chegar. Certamente ela teria a solução; nunca falhava. Mas ela também não conseguiu pacificar o menino que, olhando o dedinho, chorava desconsolado. Tínhamos em casa um grande quadro que vovô trouxe de Pádua, de Santo Antônio com o Menino Jesus no colo. De repente, a mamãe chamou meu irmão no quarto e disse: 'Veja meu filho, você não tem o dedinho torto, ele é igualzinho ao do Menino Jesus. Veja!', e apontou o dedinho pintado, que, por feliz coincidência, estava discretamente desviado pela perspectiva. Resolvido o grande trauma, que passou até a ser motivo de orgulho! Cinqüenta anos depois, quando ela já havia partido, estávamos meu irmão e eu na mesma saleta, quando, olhando aquele quadro, ele me disse: 'Veja, o dedinho é realmente torto'. E, emocionados, nos lembramos da amorosa sabedoria da mamãe!"

ANA MARIA ONÇA FEOLA, 57 ANOS.

"Entre os 5 e 10 anos de idade, em meados dos anos 60, eu tinha constantes dores de garganta. Tossia muito, tudo doía, era um desconforto total. Minha mãe, além de tratar de mim, cuidava de levantar meu estado de espírito. Ela trabalhava fora e, na volta do trabalho, passava pelo Bazar Lili, na Rua Pinheiros, e comprava saquinhos com indiozinhos e caubóis para meu adorado Forte Apache. A cada crise de dor de garganta, os personagens do meu Forte Apache aumentavam. A dor e a tosse diminuíam e até a febre abaixava."

NEWTON PIZZOTTI, 43 ANOS.

"Minha mãe amava e ama a natureza. Na infância, quase todos os passeios aos quais ela nos levava eram relacionados à natureza. Foram muitas as vezes em que fomos ao Zoológico, ao Jardim Botânico e a outros jardins com muitas árvores. Ela sempre nos ensinava, chamando-nos a atenção para o nome de um pássaro, algum atributo de um inseto, ou peculiaridades de uma planta. Marcou-me o que ela dizia sobre as características morais das árvores — resistência, confiabilidade, flexibilidade e utilidade. Devo a ela o amor que tenho hoje pela natureza, e procurei passar isso aos meus filhos."

ROBERTO LUIZ TROSTER, 52 ANOS.

"Meu primeiro dia de aula no antigo grupo escolar, recém-vindo do interior para a grande e assustadora São Paulo, foi muito difícil. Rostos estranhos, ambiente desconhecido e uma diretora sisuda, somados a outros pequenos desconfortos, me deixavam apreensivo e ansioso. Na hora do recreio, olhando de longe o corre-corre e a algazarra dos mais velhos, abri a lancheira e tive a primeira grande alegria da minha longa vida escolar. Mamãe havia preparado meu sanduíche predileto: pão francês com bastante manteiga e azeitonas sem caroço! Mais uma pequena grande delicadeza que eu nunca esqueci."

LUCIANO AMARAL, 57 ANOS.

"Eu me lembro bem... minha mãe, meus irmãos e eu sentados na sala, e ela cantando músicas antigas, das quais mais gostava. As músicas a faziam voltar ao passado, e ela, feliz, nos contava de sua juventude. Minha mãe era muito alegre. Ela amava a vida."

OCILENE DA SILVA, 26 ANOS.

"As festinhas de aniversário em casa eram muito divertidas. Minha mãe tinha um pique incrível e bastante criatividade para entreter as crianças. Junto com meu pai, ela dividia a turma em duas equipes e, assim, passávamos a tarde em competições e gincanas com atividades como corrida de sacos, corrida sobre latas, corrida com a batata na colher etc. Havia prêmios para todos — que variavam de chicletes e pirulitos a lápis, borrachas, língua-de-sogra e outros mais. Hoje em dia o pessoal contrata uma equipe de lazer e pronto. Mas não minha mãe, que ainda me ajudou a brincar nas festinhas de aniversário dos meus filhos."

IRENE LEGMANN, 45 ANOS.

"Minha mãe inventou que o coelho da Páscoa não vinha somente para as crianças, mas também para os adultos e, assim, passamos a esconder os ovos de Páscoa — eu e meu pai escondíamos para minha mãe, minha mãe e eu, para meu pai e, obviamente, meus pais escondiam para mim. Houve um ano em que já tínhamos escondido todos os ovos para meu pai e ficou sobrando um, que não sabíamos onde colocar. Aí, minha mãe teve uma idéia. Chamou meu pai para procurar os ovos e, ao entrar na sala (ele ainda estava de roupão), deu-lhe um abraço e, nesse momento, colocou o ovo no bolso do roupão. Lembro que levou muito tempo para meu pai encontrar esse ovo."

KARIN SCHINDLER, 73 ANOS.

"Minha mãe foi sempre presente na minha vida e na da minha irmã. Lembro-me dela com muito carinho, preparando as refeições, nos levando à escola e às festinhas e depois nos buscando. Ela fazia tudo com tanta doçura que essas lembranças ficaram marcadas no meu coração."

RICARDO POMERANZ, 41 ANOS.

"A dona Riva Bekin, minha irrequieta mãe, com 91 anos, de acordo com seus ex-alunos, foi uma doce professora. Ainda hoje há momentos em que meu irmão Paulo e eu a achamos turrona. Mas fazer o quê? Percebo-me, às vezes, contendo os mesmos impulsos e, respirando, reconheço o aprendizado que essa percepção proporciona ao meu crescimento. Até uns 2 anos atrás, ela ia passear de ônibus, aproveitando sua carteirinha de idoso para viajar grátis por São Paulo(!). Seu trajeto ia do *Carrefour* ao *Extra*, verificando, entre as gôndolas e prateleiras, os preços do litro de leite em caixinha. Satisfeita, voltava para casa de ônibus, para conscienciosamente telefonar aos 2 filhos e saber se estávamos atentos às economias e despesas da casa."

SAUL BEKIN, 57 ANOS.

"Em 2001, fui estudar inglês na Nova Zelândia e morei 4 meses em uma casa de família. Sentia muita falta dos meus pais e da minha irmã, pois sempre fomos muito próximos. Todos os dias, quando chegava em casa, corria para o computador ansiosa para ver meus e-mails. Esse era um dos momentos mais esperados do dia. Ficava imaginando o que minha mãe tinha escrito para mim naquele dia. Sempre havia pelo menos um e-mail dela. Compartilhávamos tudo o que acontecia no nosso dia-a-dia. Ela no Brasil e eu na Nova Zelândia. Isso me dava muita alegria, força, segurança, pois, assim, eu me sentia mais perto de casa. Imprimi todos os e-mails que ela me enviou e os mantenho guardados até hoje. Minha mãe não sabia usar o computador, mas quando eu fui viajar ela aprendeu logo a enviar e a receber e-mails. Era assim que ela matava a saudade de mim, também."

NATALIA COUTINHO MIRA DE ASSUMPÇÃO, 25 ANOS.

Ensine seu filho a dizer "por favor" e
"muito obrigado".

Estimule seu filho a estudar, a aprender
novas culturas e línguas.

Cuide bem de seu filho, mantendo-o
sempre limpo, bem alimentado e
bem cuidado.

Use da prudência e da sabedoria para
manter a paz em seu lar.

Ser mãe não é só gerar um filho mas, sim, exercer a maternidade.

Coloque boas sementes na vida de seu filho para que ele no futuro possa colher bons frutos.

A educação de seu filho já se inicia no momento em que ele nasce.

Aja e tenha atitudes que conquistem o respeito de seus filhos por toda a vida.

Seu filho é e será sempre a criança mais linda do mundo.

Ame seu filho simplesmente pelo fato de ser seu filho.

Boas e saudáveis lembranças deixam suas marcas por toda a vida.

À medida que seu filho cresce, ele deixa de ser um bebê. Se desejar um novo bebê, fique grávida novamente.

Ao desempenhar o papel de mãe, dê a você mesma o direito de errar.

Ninguém nasce sabendo ser mãe.

Se a torta tiver três pedaços e você tiver três filhos, procure uma outra sobremesa para você.

Cuidado com as palavras duras; elas fazem feridas difíceis de cicatrizar.

"Minha mãe sempre foi solidária nos momentos alegres e encorajadora nos tempos de desafios. Sempre lutou para que a família tivesse o melhor. Com amor e carinho, ela nos mostrou a realidade das nossas finanças e o limite de nossas possibilidades. As lembranças da minha infância são várias, mas lembro-me com saudades dos meus aniversários, que eram comemorados com simplicidade, mas com muita alegria. Eu podia até escolher a toalha bordada para enfeitar a mesa."

SÉRGIO RODRIGUES COSTA, 38 ANOS.

"Minha mãe sabia que eu amava chocolate. Nos meus aniversários, ela só fazia bolo de chocolate e mais uma infinidade de brigadeiros. Uma das bandejas de brigadeiros ela sempre escondia para que eu pudesse comê-los sozinha, mais tarde. Eu me lambuzava toda: era uma tremenda festa! Até quando me formei na faculdade ela fez questão de fazer meu bolo: de chocolate, é claro!"

MARY CAROLINE SKELTON MACEDO, 40 ANOS.

"Meu avô havia dado para cada filha um sítio em Resende. O caminho passava pela Rodovia Dutra, que ainda era mão dupla. Meu pai tinha um Fusquinha 66, azul-clarinho, que viajava sempre lotado. Meu irmão e eu íamos no buraco atrás do banco traseiro. Nos tínhamos entre 5 e 8 anos. A viagem durava de 3 a 4 horas — ou por causa da fila de FNM's ou porque estavam dinamitando a estrada para a construção da pista dupla. Nós éramos crianças e ficávamos impacientes. Era nesses momentos que a minha mãe mostrava toda a sua força e alegria. Para nos distrair, ela cantava canções populares da época, como *Sereno da Madrugada* e *Ó Minas Gerais*. Essa com duas letras, a original e sua versão: 'Ó Minas Gerais, buraco pra frente poeira pra trás'. E o meu avô, pai dela, era mineiro, uai! No sítio não tinha nem televisão nem rádio, e minha mãe tocava acordeão e cantava, alegrando nossa noite. Tenho lembranças saudosas e fortes dela. Foram lições de vida que guardo e hoje as utilizo na educação e no relacionamento com meus filhos."

PAULO ARIOSTO, 43 ANOS.

"Eu passei minha infância no Paraná em um sítio próximo de Icatu. Havia um quintal bem grande com um pomar de frutas. Meus irmãos e eu brincávamos o dia inteiro. O problema era na hora de tomar banho, à tarde. Não havia eletricidade. O chuveiro era uma lata bem grande com furinhos amarrada a uma corda, que minha mãe enchia d'água e puxava com um galho, imitando um chuveiro. A água era fria, e, às vezes, ela precisava correr atrás de nós pelo quintal para nos obrigar a tomar banho. Hoje eu moro em São Paulo. Minha casa tem água encanada, eletricidade e chuveiro com água quente. Às vezes eu fico me lembrando da minha mãe, daquele tempo de criança e me dá uma saudade imensa daqueles banhos de água fria da minha infância."

DANIEL SOUZA E SILVA, 33 ANOS.

"Lembro-me que, por volta de meus 15 anos, o tamanho de meu nariz era algo que me incomodava, tanto que havia feito planos de uma plástica. Dona Irene, minha mãe, não sabia mais o que falar. Foi em um desses dias, em que estávamos revendo fotos da família, que minha mãe começou a me contar sobre minha avó paterna. Ela me contou que vovó veio da Espanha com filhos pequenos e que havia trabalhado no campo ajudando meu avô. Além disso, criara seus 10 filhos, tendo sido sempre uma mulher de fibra, cheia de fé e muito religiosa. Eu me lembro dela me ensinando a rezar em espanhol. Ao final de uma dessas conversas é que minha mãe tocou em um assunto que para mim já estava resolvido. Ela me disse que eu era a neta que mais se parecia com vovó e que, certamente, ela ficaria triste em saber quanto me incomodava um nariz que era tão igual ao dela. E, além do mais, era um nariz que marcava e representava o bravo povo espanhol. A partir de então, toda vez que me olhava no espelho, me sentia mais feliz. Ser parecida com minha avó foi e sempre será motivo de muito orgulho para mim."

SUZANA RUBIO GIMENES, 37 ANOS.

"Sou uma dos quatro filhos da minha mãe. Sempre dormi no quarto mais próximo dela e, hoje, não moro na mesma casa, nem na mesma cidade que a minha mãe. Não estamos mais tão perto uma da outra. O curioso disso é que falo com ela incrivelmente todos os dias. Começo o meu dia com as palavras dela. É como se ela fosse a luz que ilumina o meu dia. Sinto a sua presença em tudo o que faço, em tudo o que realizo. Somos mais amigas, mais íntimas, confidentes, somos almas gêmeas, somos mãe e filha."

SANDRA MONTES, 32 ANOS.

"Minha mãe sempre foi muito dedicada e presente. Ela nunca deixou meu aniversário passar despercebido. Todos os anos eu esperava ansiosamente essa data, pois sabia que ela prepararia uma festa para mim e me faria um vestido lindo. Sozinha, na véspera dos aniversários, ela preparava todos os docinhos e o bolo, deixando para fazer no dia somente os salgados. A minha alegria era participar de alguma forma, e, aí, eu enrolava os docinhos e os colocava naquelas fôrmas pequenininhas. O bolo, ela enfeitava pela madrugada, quando eu já estava dormindo. A minha expectativa era grande, pois não sabia que tipo de bolo ela havia decorado para mim. Quando acordava, ia correndo para a mesa de jantar. Ficava maravilhada com a beleza, com o colorido e com o capricho do bolo que ela havia feito. Está fotografado em minha memória um bolo em especial que alegrou muito o meu coração. Ele era redondo, e, no meio dele, mamãe desenhou um caminho e o cobriu com açúcar cristalizado tingido de marrom. Nas laterais, ela colocou coco ralado tingido de verde, representando a grama, e várias flores que deram um colorido especial, formando um lindo jardim. Com madeiras bem fininhas, fez um caramanchão coberto com bambu japonês. E ainda colocou um balanço com uma bonequinha sentada e vestida com roupinhas que ela mesma havia costurado. Que alegria para mim poder navegar por minhas memórias e testemunhar que minha infância foi repleta de sonhos e realidade, tendo como protagonista uma mãe presente, dedicada e que me fez viver e realizar os meus sonhos de criança. Por tudo isso, posso dizer que ela foi e ainda é uma mãe muito especial."

ELIANE SOARES FREITAS DA SILVA, 51 ANOS.

"Há 26 anos fiz intercâmbio cultural. Cursei o 3º colegial nos Estados Unidos e durante todo aquele ano fiquei sem ver minha família. Minha mãe me escreveu quase todos os dias. Relatava todas as programações que faziam e me mandava inúmeras fotos. Sei que alguns sentiram minha falta, mas para minha mãe foi de uma maneira especial, pois ela continuou a me incluir em sua vida diária, mesmo eu estando longe. Senti-me muito amada."

LYLIAN J.M. POSELLA, 42 ANOS.

"Tenho em minha memória a agradável lembrança das histórias que minha mãe nos contava todas as noites, até que o sono viesse... Éramos nós, os filhos e ela, enquanto nosso pai trabalhava... Ela nos contava histórias da roça, do campo e dos rios, realidades distantes para nós que vivíamos na grande metrópole São Paulo... Chegávamos a ouvir o ruído das águas dos rios onde minha mãe dizia que se banhava quando era menina... Chegávamos a sentir o cheiro de mato molhado e a atolar nossos pés no barro após a chuva no sítio... Eram histórias vivas, e que se calaram em minha mente..."

JOSÉ AILTON GARCIA, 46 ANOS.

"Sou a primeira de uma família de 10 irmãos. Minha mãe sempre fez de tudo para que os filhos estudassem. Por sermos de origem humilde, e morarmos em um sítio no interior do Estado de São Paulo, isso era muito mais difícil. Aos 7 anos, fui morar com meus avós na cidade para poder estudar. Foi duro para todos nós. Meu pai chorou, mas minha mãe, firme, disse: 'Estou fazendo o melhor para você, filha'. Por dentro ela chorava também. O tempo passou. Eu casei, tive filhos, mas fiz tudo para me manter próxima de minha mãe e dos meus irmãos. Mesmo depois de casada, ainda sigo os conselhos dela. Cursei o magistério e ela me ajudou, tomando conta da minha filha. Quando alguma amiga diz que precisa conversar com uma psicóloga, eu logo respondo que conheço uma ótima: minha mãe. O curioso é que, ao mesmo tempo em que seus filhos caminhavam para as universidades, ela se dirigia ao MOBRAL para aprender a ler e a escrever."

ARLETE DE OLIVEIRA THIEME, 60 ANOS.

Ser mãe é um presente, um dom de Deus; exercite-o da melhor maneira possível.

Não satisfaça nem atenda a todas as solicitações e exigências de seu filho.

Um "não" em várias ocasiões é muito importante.

Tente entender o que seu filho às vezes não é capaz de dizer.

Tenha em mente que os filhos são imitadores naturais dos pais.

Perdoar é uma qualidade que as mães exercitam durante toda a vida.

Dê amor a seu filho, mesmo quando você achar que ele não o merece.

Não substitua presença por presentes; o trabalho de uma mãe dura 24 horas por dia, a vida toda. Esteja atenta, pois seu filho está sempre observando você.

Procure oferecer a seu filho mais exemplos e ações positivas do que críticas. Bons ensinamentos produzem um eco eterno.

É no momento de irritação de seu filho que você deve estar mais calma.

Seu filho precisa estar seguro da continuidade de sua presença.

Faça da noite de Natal um momento especial. Espalhe talco pelo chão, da janela ao pé da cama de seu filho. Marque pegadas de Papai Noel e deixe um presente no sapato.

Comunique-se com seu filho, por e-mail ou telefone, quando ocorrer ausências demoradas, ou mesmo durante o dia, de seu local de trabalho.

Sempre que ele fizer perguntas, preste atenção a suas respostas.

Crianças adoram tomar banho com brincadeiras, barulhos, bagunças, brinquedos; sempre que der, faça parte disso.

Determinar limites é também uma das formas de amar.

"O trabalho social para minha mãe sempre foi importante. Desde cedo, ela mostrou a mim e aos meus irmãos, o valor de ajudar as pessoas carentes. Ela mobilizava os seis filhos para recolher doações de roupas e alimentos. Nós subíamos os morros no Rio de Janeiro para distribuir aos mais pobres. Qual não era nossa alegria ao ver nos olhos das pessoas o reconhecimento e o momento de felicidade que nós estávamos proporcionando."

MARLI MONTENEGRO, 63 ANOS.

"Hoje, raramente chego em casa de madrugada. Mas ainda espero, quando abro a porta, pela aparição repentina de minha mãe. Era assim, quase sempre, que ela fazia. Sono levíssimo, adquirido graças à imensa preocupação que tinha com os filhos. Mamãe acordava com o mínimo ruído da fechadura da porta. Punha as mãos na cabeça e dizia: 'Meu filho, isso são horas?' Depois, buscava dormir um sono mais tranqüilo. Doía-me causar-lhe esse transtorno. Hoje, me dói muito mais não a ter me esperando com aquele semblante que não conseguia esconder o profundo amor que me dedicava."

MILTON LUÍS FIGUEIREDO PEREIRA, 58 ANOS.

"Minha mãe, ao contrário do que a tradicional família gaúcha permitia a uma mulher nos anos 40, sempre trabalhou. Assim, sempre trabalhando e muito bonita que era, enfrentou vários preconceitos, e, por vezes, até o ciúme de meu pai. Mas, ganhando seu próprio dinheiro, ela dizia: 'Toda mulher deve ter seu trabalho e seu dinheiro para a vida ficar mais emocionante, também sendo independente e mais respeitada pelo homem'. Assim, ela nunca parou de trabalhar, chegando a concluir a Faculdade de Direito com 74 anos, e tornou-se uma forte referência para as mulheres da família e para as amigas. Ela teve um bom casamento de 58 anos com meu pai. Agora, sou eu que repasso essa mesma filosofia para minha filha e para todas as jovens meninas de hoje, na agência ou na faculdade em que leciono."

ABAETE DE OLIVEIRA, 56 ANOS.

"Éramos 10 irmãos e todos ajudavam no orçamento da casa. Eu me sentia toda importante e feliz em poder contribuir, graças ao meu salário. Quando entrei na faculdade, estava desempregada. E meu coração, então, se encheu de alegria e de angústia ao mesmo tempo — afinal, sabia que não teria condições de pagar as mensalidades do curso. Liguei para minha mãe, dando a bela notícia. Pela sua voz, eu senti sua alegria. Apesar de estar desempregada, eu tinha o dinheiro para a matrícula. Minha mãe, então, aconselhou-me a fazer a matrícula, e disse que, quanto ao pagamento das mensalidades, 'a gente resolve depois'. Mamãe foi sempre muito religiosa e tinha certeza de que, por intermédio da oração, o Senhor nos ajudaria. Um mês depois eu estava novamente empregada e já podia pagar as mensalidades. Ela sempre teve certeza e confiança na ajuda do Senhor."

ALÉSIA DE OLIVEIRA MARQUES VIEIRA, 41 ANOS.

"Minha mãe era especial. Dela trago não só lembranças, mas também ensinamentos que moldaram meu caráter. Desde muito cedo, todas as minhas colegas de escola, as mais chegadas, adoravam estar perto dela. Pudera, apesar de exigente e rigorosa, ela me deixava fazer coisas que as outras mães não deixavam. Além disso, ela se sentava e brincava conosco, costurava para nossas bonecas, nos ensinava a tricotar e fazia comida e lanches maravilhosos. Certa vez, ela viajou para Buenos Aires com meu pai e trouxe, entre os presentes, para mim e minha irmã, um minijogo de panelas para cozinhar... De verdade!!! Era de alumínio mesmo e dava para fazer comida para duas pessoas. Tinha frigideira, duas panelas, leiteira, chaleira, ralador e uma fôrma para bolo que tenho até hoje. Minha irmã e eu tivemos a idéia de chamar algumas amigas para cozinhar conosco sob a supervisão da mamãe. Brincamos e demos muitas risadas. Foi inesquecível."

CLICIA MAIRA T. DE MORAES OLIVEIRA, 62 ANOS.

Não tenha medo de dizer "Não".

Procure fazer pelo menos uma refeição junto com seu filho, diariamente.

Ao buscá-lo na escola, torne a volta para casa um momento agradável.

Atitudes positivas diante das adversidades podem ensinar muitas coisas boas a seu filho. Dê-lhe alicerces fortes.

Saiba afrouxar as rédeas quando chegar
o momento certo.

Respeite a privacidade de seu filho.

Ensine-o a sonhar, acreditando que o
futuro é possível.

Se você notar que seu filho anda muito
manhoso, verifique se ele não está
realmente sentindo falta de
atenção e carinho.

Evite repetir brincadeiras das quais seu filho já disse que não gosta.

Quando chegar o momento, ensine sua filha a andar de salto alto.

Cuide para não expor ou acentuar as quinas dos móveis de sua casa, para que seu filho não se machuque.

Com bastante discrição e cuidado, estimule a vaidade de sua filha para que ela se sinta bonita.

Seja a confidente de que sua
filha precisa.

Ensine sua filha a se vestir para
diversas ocasiões.

Quando sua filha completar 15 anos,
comemore com alegria e, se ela quiser,
ajude-a organizar uma festa.

Leve sua filha para vê-la
praticando esporte.

No momento certo, ensine sua filha
a se maquiar.

Se seu filho for morar ou estudar em
outra cidade ou outro país, mantenha
contato através da Internet, contando
sobre a família, os amigos, e sobre
coisas que ele gostaria de saber.

Dê a sua filha uma bola de vôlei, de
basquete ou de handbol.

Se seu filho lhe contar os objetivos e
os sonhos dele, ouça com
atenção e seriedade.

"O presente mais precioso dado por minha mãe foi um coração firme, afetuoso e sereno. Desde que me entendo por gente, ela estava sempre pronta, com carinho e atenção, para uma boa conversa — fosse para apoiar, fosse para repreender. Cresci sem conhecer o chinelo. Cresci acreditando que com diálogo e bons exemplos podemos mudar o mundo! Uma lembrança viva e presente: nossos cultos no lar. Toda terça-feira, invariavelmente, mamãe nos reunia para rezar e estudar a doutrina Cristã. Através de histórias, atividades e muita troca de idéias nos tornamos campos férteis germinados pelas sementes de sua fé. Valeu mãe!"

MÁRIO MONTENEGRO, 42 ANOS.

"É impressionante como a imagem da minha mãe é clara em minha memória. Mãe de 4 filhos, ela era uma mulher pequena, não era dada a muitas prosas e risadas, mas uma dona de casa brilhante e felicíssima. Natais, passagens de ano e principalmente os aniversários eram comemorados em família, e são essas as melhores lembranças que tenho dela. Nos aniversários, minha mãe cobria a cama de casal com uma coberta linda de cetim amarelo-ouro por baixo, e renda por cima. Depois, preparava um bolo e doces, muitos doces. Nesse dia ela não repreendia o aniversariante por nada. Era muita alegria. Hoje quando lembro dela, eu me emociono. Apesar de minha mãe já ter partido, sinto-a muito presente. E, à medida que o tempo passa, ao invés da saudade diminuir, ela só aumenta."

MARIA LUCIA S. F. PIMENTEL DE MELLO, 61 ANOS.

"Pelo menos uma vez por ano, minha mãe mobilizava toda a casa para fazer pamonhas. Entravam na dança a filharada, as empregadas, os agregados e quem mais aparecesse. O milho verde era descascado, ralado. Preparavam-se as palhas e os amarrilhos. As pamonhas com queijo com dois amarrilhos e as sem queijo com um. Minha mãe, leitora voraz, tinha uma enorme estante com mais de 400 volumes. Não raro, muitos meses depois da pamonhada, ela ainda achava, por detrás dos livros, alguma pamonha (com queijo) que eu, guloso, havia escondido para comer depois e que havia esquecido por lá."

RICARDO ASSUMPÇÃO, 63 ANOS.

"Há 42 anos estávamos todos reunidos à mesa, após o jantar, quando minha irmã Ana, de doze anos, perguntou à nossa mãe, Marialice, por que e ela sentia dores na espinha quando se sentava. Passaram-se alguns segundos e ela, acariciando o rosto de Ana, respondeu: 'Minha filha, quando você tinha 8 meses, eu estava descendo a escada quando escorreguei com você nos braços. Caí sentada e, à medida que deslizava nos degraus, abraçava-a cada vez mais forte para protegê-la. Fui levada ao hospital e os médicos constataram a quebra da última vértebra, o cóccix. Como eu não autorizei que me operassem, passei a conviver com essa pequena seqüela por toda a vida. Mas isso tem um lado bom. Toda vez que sinto essas dores lembro-me do desvelo que toda mãe deve devotar aos filhos, e isso me fortalece'."

SÉRGIO BRAGA, 50 ANOS.

Mãe, está chegando o momento.
Vou realizar meu sonho.
Colocar em prática tudo que aprendi sobre família.
Já sinto falta de casa.
Do convívio diário com você, com o papai e a Isadora.
Vou construir minha própria família.
Como você, vou procurar fazê-la bem sólida.
Sigo em busca do meu sonho.
Confesso que estou alegre e ansiosa para descobrir o que é ser mãe.
Quero aconchegar meus filhos nos meus braços, como você fez comigo, a vida inteira.
Deixarei de ser somente filha, para me tornar esposa e mãe.
Descobrirei então o amor maior.
O amor de mãe.

NATALIA C. MIRA DE ASSUMPÇÃO

Envie-nos seu depoimento com uma lembrança inesquecível de sua mãe ou de seu pai, como tributo e reconhecimento pelo amor e carinho que eles sempre lhe dedicaram.

Procure utilizar a linguagem e o tamanho dos depoimentos deste livro.

Ao enviar seu depoimento, estaremos considerando a possibilidade de incluí-lo em nosso próximo livro.

O envio será considerado uma autorização de publicação por parte do remetente. Importante informar a idade.

Envie para:

M.Books do Brasil Editora Ltda
E-mail: negocios.mbooks@terra.com.br
Fax: 11-3079-8067
Endereço: Av. Brigadeiro Faria Lima, 1993 – 5º andar – cj. 51
01452-001 – São Paulo – SP
Brasil

Milton, com sua esposa Ruth e suas filhas Natalia e Isadora.

Milton Mira de Assumpção Filho é reconhecido profissional de Marketing e editor de mais de 1.500 títulos, através das editoras McGraw-Hill, Makron Books e atualmente M.Books.

Natalia C. Mira de Assumpção é graduada em Administração de Empresas pela FAAP e cursa atualmente Nutrição pelo Centro Universitário São Camilo, em São Paulo.

Série PARENTING

Pais Muito Especiais
ISBN 85-89384-24-1

80 pgs

"Pais Muito Especiais" de Milton M. de Assumpção Filho e Natalia C. Mira de Assumpção apresenta 180 sugestões de ações que expressam amor e carinho e podem ser usadas no dia-a-dia. O livro reúne depoimentos e ricas histórias de vida de amigos que abriram seus corações e dividiram com os autores momentos inesquecíveis entre filhos e pais, bem como lembranças da infância. Como não obedecem a nenhuma regra ou ordem, as frases, dispostas aleatoriamente, permitem que o livro seja lido a partir de qualquer página.

Amar sem Mimar
ISBN 85-89384-11-x

256 pgs

Este livro oferece 100 dicas para que os pais, livres de culpa e de maneira prática, possam criar seus filhos, estabelecendo limites com amor e carinho, porém sem mimar ou ser indulgente. Com estilo prático e divertido, a escritora Nancy Samalin compartilha suas 100 melhores dicas para criar filhos maravilhosos com amor incondicional sem ser um pai ou uma mãe que não sai "do pé" deles.

A Resposta é Não
ISBN 85-89384-10-1

256 pgs

Se você tem dificuldade para dizer "não" aos seus filhos, pode contar agora com uma nova ajuda. O livro, de Cynthia Whitham, trata de 26 situações que afetam pais de crianças de 2 a 12 anos.
Neste livro, a autora fornece as ferramentas para os pais que têm dificuldades de dizer "não". Da hora de dormir aos animais de estimação, da maquiagem à música, da lição de casa às roupas de grife, e tudo aquilo que os filhos acham que precisam.

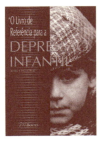

Livro de Referência para a Depressão Infantil
ISBN 85-89384-09-8

280 pgs

Escrito pelo professor dr. Jeffrey A. Miller, este livro mostra como os pais podem diagnosticar os sintomas da depressão infantil e as conseqüências deste problema, como ansiedade e uso de drogas ilegais. A obra também aborda os métodos de tratamento, incluindo psicoterapia, remédios e mudanças de comportamento, além de estratégias para ajudar os pais a lidar com a questão.

A Vida Secreta da Criança com Dislexia
ISBN 85-89384-12-8

232 pgs

Este livro, do psicólogo educacional Robert Frank, que é portador de dislexia, é um manual para os pais identificarem e aprenderem como a criança portadora desse distúrbio de aprendizagem pensa e sente e o que podem fazer para ajudar os filhos a se tornarem adultos bem-sucedidos. Hoje, casado e pai de dois filhos, argumenta que a criança com dislexia muitas vezes é confundida como uma criança pouco inteligente, preguiçosa e que finge não entender.

Soluções para Noites Sem Choro
ISBN 85-89384-10-1

224 pgs

Desenvolvido pela orientadora educacional Elizabeth Pantley, este livro mostra ser perfeitamente possível acabar com o desespero dos pais que não dormem porque o bebê não pára de chorar. O livro apresenta programa inédito de 10 passos para os pais atingirem a meta de garantir uma boa noite de sono para toda a família. A autora mostra que é possível ajudar o bebê a adormecer e dormir tranqüilamente.

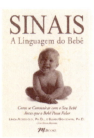

Sinais - A Linguagem do Bebê
ISBN 85-89384-18-7

194 pgs

Você sabia que os bebês sabem muito mais sobre linguagem do que pensamos? E que muito antes de serem capazes de falar, eles podem comunicar-se por meios de sinais e gestos? Os Sinais Infantis são fáceis de aprender e ajudam muito a entender a mente do bebê. Segundo as especialistas, Linda Acredolo e Susan Goodwyn, todos os bebês têm potencial para aprender Sinais Infantis simples e fáceis de lembrar. Com isso, os pais não precisam mais ficar ansiosos, esperando o dia em que seu bebê possa lhes dizer o que sente, precisa e pensa.

Como Educar Crianças de Temperamento Forte
ISBN 85-89384-17-9

280 pgs

Um verdadeiro passo a passo, este livro de Rex Forehand e Nicholas Long é destinado a ajudar pais que têm dificuldade em lidar com os problemas de teimosia, desobediência, irritação e hiperatividade dos filhos que estão sempre exigindo atenção.

O livro inclui, ainda, um capítulo sobre TDAH –Transtorno de Déficit de Atenção / Hiperatividade, conhecido também como DDA – Distúrbio do Déficit de Atenção.

8 Regras Simples para Marcar um Encontro com Sua Filha Adolescente
ISBN 85-89384-21-7

236 pgs

Este livro vai ensinar aos pais de filhas adolescentes, de maneira leve e engraçada, como conversar com sua filha – quando isto parece impossível – mesmo que seja através da porta do quarto dela, como impor uma certa autoridade – mesmo que às vezes não funcione e, ainda, como ter acesso ao banheiro, ao chuveiro e, principalmente, ao telefone de sua casa. Aprenda a sair de frases como "Todo mundo vai, menos eu", "Um minuto depois de fazer 18 anos, vou embora desta casa!".

Filhas são Filhas - Criando filhas confiantes e corajosas
ISBN 85-98384-25-x

292 pgs

Em um texto importante e abrangente, a autora JoAnn Deak identifica e mostra os caminhos para grande parte dos problemas que envolvem a criação e a educação das meninas. *Filhas são Filhas* apresenta um guia compreensível dos vários desafios emocionais e físicos que as garotas de 6 a 16 anos enfrentam no mundo conturbado e mutante de hoje.

Conversando sobre Divórcio
202 pgs

ISBN 85-89384-20-9

Este livro, de Vicki Lansky, não é um livro de conselhos, mas um guia cheio de situações, exemplos, e idéias, com o objetivo de tornar o processo de separação menos doloroso. Dividido em sete capítulos, aborda a decisão de separar-se, questões de dinheiro, problemas legais, guarda dos filhos, como os filhos vão encarar a situação, até quando você se casa de novo.

Eliminando Provocações - Fortalecendo e ajudando seu filho a resolver problemas de provocações, gozações e apelidos ridículos
292 pgs

ISBN 85-89384-28-4

Este livro, de Judy Freedman, foi elaborado com o substrato fornecido por dezessete anos de experiência como coordenadora educacional. Seu programa ensina crianças e pais a efetivamente lidar com o problema da provocação e a desenvolver técnicas de defesa que duram a vida toda.

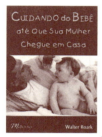
Cuidando do Bebê até que sua Mulher Chegue em Casa
152 pgs

ISBN 85-89384-23-3

Walter Roark garante que, sempre que a mãe não está em casa, os bebês reagem de maneira estranha, choram, esperneiam, fazem cocô, mudam de cor e espremem-se. Inspirado em sua filha, Meghan, escreveu este livro para ajudar os pais a cuidar adequadamente de seu filho e mantê-lo a salvo até que sua mulher chegue em casa.

Conversando com Meninos
266 pgs

ISBN 85-89384-26-8

O livro, de Mary Polce-Lynch, fornece dados e instruções objetivas de como criar meninos emocionalmente expressivos, competentes, fortes e ao mesmo tempo sensíveis, em uma cultura maluca que teima em transformá-los em pessoas desprovidas de sentimentos.

Como Estabelecer Limites
278pgs

ISBN: 85-89384-30-6

Em *Como Estabelecer Limites*, de Elizabeth C. Vinton, os pais podem examinar como devem guiar e dirigir o comportamento de suas crianças e ainda deixar espaço para que elas façam as próprias escolhas e tomem suas decisões. Todos os pais sabem que não são perfeitos, errar é humano. Muitos erros serão cometidos, mas é necessário se ajustar e ser humilde o suficiente para mudar rumos e promover acertos.

Criando Filhos Seguros e Confiantes
336 pgs
ISBN: 85-89384-39-X
Dois terapeutas renomados, Robert Brooks e Sam Goldstein, sintetizam um grande volume de informações científicas sobre o conceito da segurança e da confiança neste livro, tornando-o de fácil entendimento. Explicam como muitos pais, apesar das melhores intenções, minam a capacidade de segurança e confiança de seus filhos, e oferecem estratégias efetivas para identificar e eliminar esses problemas.

Guia Prático da Mamãe de Primeira Vez
298 pgs
ISBN: 85-89384-40-3
Debra Gilbert Rosenberg e Mary Susan Miller apresentam neste livro soluções para facilitar a transição para a maternidade, abordando o nascimento e os vínculos afetivos, a volta ao trabalho, a dor na amamentação, o relacionamento com o marido. Você terá respostas para essas dúvidas e muito mais neste excelente guia para a mamãe de primeira viagem.

Visite Nosso Site
www.mbooks.com.br

Impressão e Acabamento
Oesp Gráfica S.A. (Com Filmes Fornecidos Pelo Editor)
Depto. Comercial: Alameda Araguaia, 1.901 - Tamboré - Barueri - SP
Tel. 4195 - 1805   Fax. 4195 - 1384

CADASTRO DO LEITOR

- Vamos informar-lhe sobre nossos lançamentos e atividades
- Favor preencher todos os campos

Nome Completo (não abreviar):

Endereço para Correspondência:

Bairro: Cidade: UF: Cep:

Telefone: Celular: E-mail:

Sexo: F ☐ M ☐

Escolaridade:
☐ 1º Grau   ☐ 2º Grau   ☐ 3º Grau   ☐ Pós-Graduação
☐ MBA   ☐ Mestrado ☐ Doutorado ☐ Outros (especificar): _____

Obra: **Mães Muito Especiais**
       Milton M. de Assumpção Filho e Natalia C. Mira de Assumpção

Classificação: **Relacionamento / Parenting**

Outras áreas de interesse: _____

Quantos livros compra por mês?: _____ por ano? _____

Profissão: _____

Cargo: _____

Como teve conhecimento do livro?

☐ Jornal / Revista. Qual? _____

☐ Indicação. Quem? _____

☐ Internet (especificar *site*): _____

☐ Mala-Direta: _____

☐ Visitando livraria. Qual? _____

☐ Outros (especificar): _____

M.BOOKS

M. Books do Brasil Editora Ltda.

Av. Brigadeiro Faria Lima, 1993 - 5º andar - Cj. 51
01452-001 - São Paulo - SP Telefones: (11) 3168-8242/(11) 3168-9420
Fax: (11) 3079-3147 - e-mail: vendas@mbooks.com.br

Enviar para os faxes: **(11) 3079-8067/(11) 3079-3147**

ou e-mail: **vendas@mbooks.com.br**

DOBRE AQUI E COLE

CARTA – RESPOSTA
NÃO É NECESSÁRIO SELAR

O selo será pago por
M. BOOKS DO BRASIL EDITORA LTDA

**AC Itaim Bibi
04533-970 - São Paulo - SP**

DOBRE AQUI

End.: ....
Rem.: ....